Doris Böge
Kirsten Altermatt

fantastisch frisch!

Vielseitige Frischkost für
Feinschmecker

Salate, Desserts, Snacks,
Suppen, Dips & Soßen

*»Iss roh, dann wirst du froh,
iss kalt, dann wirst du alt.«*

(Verfasser unbekannt)

Doris Böge · Kirsten Altermatt

fantastisch frisch!

Vielseitige Frischkost für Feinschmecker

Salate, Desserts, Snacks,
Suppen, Dips & Soßen

ISBN 978-3-89189-134-6
5. Auflage, 2023
© 2006 by emu-Verlags- und Vertriebs-GmbH, Lahnstein
Alle Rechte, auch die des auszugsweisen Nachdrucks, der fotomechanischen Wiedergabe und der Übersetzung vorbehalten.
Fotos: Martin Gutjahr-Jung
Umschlaggestaltung: Martin Gutjahr-Jung
Satz: Eberl & Koesel Studio, Kempten
Druck: Memminger MedienCentrum, Memmingen

Warum ein Frischkostbuch?

Leider ist es auch heute noch so, dass fast jedem Kranken geraten wird, er möge bloß nichts Rohes essen (es enthielte mehr Allergene, wäre schwer verdaulich und, und, und). Selbst Gesunde werden davor gewarnt, zu viel Frischkost zu sich zu nehmen, weil der Mensch dafür angeblich nicht geschaffen sei.

Das verwundert, da mittlerweile viele Forschungsergebnisse und reichlich Erfahrungen am Krankenbett zur Verfügung stehen, die beweisen, welch eine heilsame Wirkung die Frischkost auf jede ernährungsbedingte Krankheit ausübt. (s. Literaturhinweise im Anhang)

Durch ihren naturgegebenen Vitalstoffreichtum kann uns die Frischkost ein vitaleres Leben schenken.

Dem bereits Erkrankten bringt sie den Nutzen, dass er seine Krankheit, soweit es nur möglich ist, in die Schranken weisen oder sogar genesen kann, denn die Vitalstoffe, die unverändert in der Frischkost vorhanden sind, ermöglichen dem Körper, seine Funktionen wieder richtig auszuüben.

Dafür ist es nötig, einen großen Teil der Nahrung in roher Form zu sich zu nehmen. Bei bestimmten Erkrankungen empfahl Dr. med. M.O. Bruker, eine gewisse Zeit reine Frischkost zu essen.

Es geht uns nicht darum, Frischkost als ausschließliche Dauerernährung für jeden zu empfehlen, sondern kürzere oder längere Phasen (je nach körperlicher Verfassung) einzuschalten und einen möglichst hohen Anteil an Frischkost in der täglichen Vollwerternährung zu praktizieren. Für den Gesunden reicht es, ein Drittel der Nahrung als Frischkost zu verzehren.

Wir haben festgestellt, dass viele unserer Kursteilnehmer bereits damit Schwierigkeiten haben und oftmals einen zu geringen Anteil an Frischkost zu sich nehmen, weil es ihnen zu kompliziert und zeitraubend für den Alltag erscheint. Vor allem fehlen ihnen Ideen und jahrelange Praxis. Es geht ihnen daher einfacher von der Hand, schnell etwas zu kochen.

Für diese Personen möchte dieses Buch eine Hilfe sein. Und wer weiß, vielleicht ist auch für den einen oder anderen »alten Hasen« etwas dabei?

Was Sie wissen sollten

Die Erkenntnis, dass zahlreiche das Gesundheitssystem belastende Krankheiten durch eine jahre- und jahrzehntelange falsche Ernährungsweise entstehen, ist inzwischen nichts Neues mehr.

Dennoch interessieren sich die meisten erst für den Zusammenhang von Ernährung und Gesundheit, wenn sie bereits eine oder mehrere der ernährungsbedingten Zivilisationskrankheiten bekommen haben, zu denen folgende nachweislich zählen:

– Gebissverfall, Zahnkaries, Parodontose, Zahnfehlstellungen,
– Erkrankungen des Bewegungsapparates, die so genannten rheumatischen Erkrankungen, Arthrose und Arthritis, die Wirbelsäulen- und Bandscheibenschäden,
– alle Stoffwechselkrankheiten wie Fettsucht, Zuckerkrankheit, Leberschäden, Gallensteine, Nierensteine, Gicht usw.,
– die meisten Erkrankungen der Verdauungsorgane wie Stuhlverstopfung, Leber-, Gallenblasen-, Bauchspeicheldrüsen- sowie Dünn- und Dickdarmerkrankungen, Verdauungs- und Fermentstörungen,
– Gefäßerkrankungen wie Arteriosklerose, Herzinfarkt, Schlaganfall und Thrombosen,
– mangelnde Infektabwehr, die sich in immer wiederkehrenden Katarrhen und Entzündungen der Luftwege, den so genannten Erkältungen, und in Nierenbecken- und Blasenentzündungen äußert,
– so genannte Allergien, Neurodermitis, Hautausschläge,
– manche organische Erkrankungen des Nervensystems, z. B. multiple Sklerose.
– Auch an der Entstehung des Krebses ist die Fehlernährung in erheblichem Maße beteiligt.

Neben den zahlreichen Fabrikzuckerarten sind die Auszugsmehle, das sind die üblichen Mehle, bei denen vor dem Mahlen die Randschichten und der Keim des Getreidekorns entfernt werden, die hauptsächlichen Ursachen für die ernährungsbedingten Zivilisationskrankheiten, denn nur in naturbelassenen Lebensmitteln sind die Vitalstoffe enthalten, die der Organismus benötigt, um die Gesundheit zu erhalten.

Der Ernährungsforscher Prof. Dr. Werner Kollath konnte nachweisen, dass der Wert der Nahrung nach ihrer Lebendigkeit und Natürlichkeit bemessen werden muss. Wer naturbelassene Lebensmittel zu sich nimmt, braucht weder Kalorien zu zählen noch sich Sorgen zu machen, ob er vielleicht seine Nahrung mit Vitaminpräparaten ergänzen muss, denn in den Lebensmitteln sind die biologischen Wirkstoffe immer in der richtigen Zusammensetzung vorhanden, so dass die Nahrung richtig verwertet werden kann.

Seit die Nahrungsmittelindustrie immer mehr das Alltagsessen der Menschen bestimmt und durch irreführende Werbung vermittelt, dieses Essen wäre wertvoller als naturbelassene Nahrung, erkranken zunehmend auch Kinder an so genannten »Alterskrankheiten«. Diese verarbeiteten Nahrungsmittel reichen für die Gesunderhaltung nicht aus, da sie durch mannigfaltige fabrikatorische Veränderungen, wie Erhitzung, Konservierung und Präparierung, geschädigt und im Wert herabgesetzt werden.

Wichtig wäre also, wieder möglichst viele *Lebens*mittel zu essen, nämlich unerhitztes Gemüse, Obst, Getreide, Roh-

(Quelle: »Unsere Nahrung – unser Schicksal«, emu-Verlag, Dr. M.O. Bruker)

Die Ordnung unserer Nahrung nach Prof. Dr. Werner Kollath

		Lebensmittel			Nahrungsmittel	
	a) natürlich	b) mechanisch verändert	c) fermentativ verändert	d) erhitzt	e) konserviert	f) präpariert
Pflanzenreich	**Samen I** Ölsaaten Nüsse Mandeln Oliven	**Öle** zerkleinerte Ölsaaten	**Eigenfermente** Hefe Bakterien	**Gebäcke** aus Vollkorn	**Gebäcke** Dauerbackwaren auch aus Vollkornmehl	**Pflanzliche Präparate Fabrikfette:** raffinierte Öle, Margarinen, **alle Fabrikzuckerarten:** weißer Zucker, brauner Zucker, Trauben-, Frucht-, Milch-, Malzzucker, Süßigkeiten, Sirup, Zuckerkonzentrate, Vollrohrzucker u. a. m. **Produkte aus Auszugsmehl** (Weißmehl, Graumehl) Stärke, Grieß, Nudeln, geschälter Reis Aromastoffe, Vitamine, Wuchsstoffe, Fermente, Nährsalze **Eiweißpräparate**
Pflanzenreich	**Samen II** Getreide	**Mahlprodukte** Vollkornmehl Schrot	**Breie** ungekocht aus Vollkorn	**Breie** gekocht aus Vollkorn		
Pflanzenreich	**Früchte** Honig	**Salate** aus Früchten Naturtrübe Säfte	**Gärsäfte**	**Früchte**	**Fruchtkonserven** Marmeladen	
Pflanzenreich	**Gemüse**	**Salate** aus Gemüsen	**Gärgemüse** Sauerkraut	**Gemüse**	**Gemüsekonserven**	
Tierreich	**Eier**	**Blut**	**Fleisch** Schabefleisch	**Fleisch** Fisch	**Tierkonserven**	**Tierpräparate**
Tierreich	**Milch**	**Milchprodukte**	**Gärmilch** Quark, Käse	**Gekochte Milch**	**Milchkonserven** H-Milch	**Milchpräparate** Säuglingsnahrung Trockenmilch
Getränke	**Quellwasser**	Leitungswasser	**Gärgetränke**	**Extrakte** Teearten Brühe	**Gemische** Kunstwein	**Destillate** Künstl. Mineralwasser Branntwein

Prof. Dr. Werner Kollath, der bedeutendste Ernährungswissenschaftler der Neuzeit (1892–1970), unterteilte die Nahrung in Lebensmittel und Nahrungsmittel.

milchbutter, sowie so genannte kaltgepresste Öle. Diese ganz natürlichen Lebensmittel, die unverändert genossen werden können, sind am wichtigsten für die menschliche Ernährung. Dazu gehören auch die mechanisch veränderten Lebensmittel, wie Getreideschrot, Salate usw., und die fermentativ veränderten Lebensmittel wie Gärgemüse, z. B. Sauerkraut, außerdem Quark und Käse aus Rohmilch.

Die vier zu meidenden Speisen:

1. Auszugsmehl und Produkte daraus
2. alle Fabrikzuckerarten
3. alle raffinierten Fette (Margarinen und gewöhnliche Öle)
4. für Leber-, Galle-, Magen-, Darm- und Bauchspeicheldrüsenempfindliche: alle Säfte aus Obst und Gemüse, gleichgültig, ob selbst hergestellt oder gekauft, und gekochtes Obst

Die Speisen, die täglich gegessen werden sollten:

1. Vollkornbrote, mögl. verschiedene Sorten
2. 3 EL Getreide in Form eines Frischkorngerichts
3. eine Frischkostbeilage, bestehend aus Salaten aus rohem Gemüse und Obst (am besten im Verhältnis $2/3$ Gemüse und $1/3$ Obst)
4. naturbelassene Fette, d. h. Butter, Sahne und unraffinierte so genannte kaltgepresste Öle

(Quelle: Dr. M.O. Bruker »Unsere Nahrung – unser Schicksal«)

Küchengeräte zur Frischkostzubereitung

Folgende Geräte sollten vorhanden sein:

- Gemüsebürste
- Verschiedene gute Messer
- Kleiner und großer Schneebesen
- Flocken-/Getreidemühle oder Kaffeemühle
- Nussreibe und Gemüseraffeln
- Schüttelbecher
- Keimgerät, falls man gern öfter Sprossen verwenden möchte

Als wir vor über 15 Jahren unsere Ernährung auf Vollwertkost umstellten, haben wir weitgehend auf den Einsatz von elektrischen Küchengeräten verzichtet. Im Laufe der Zeit hat es sich aber bei uns persönlich und in Gesprächen mit unseren Kursteilnehmern ergeben, dass sie wegen des allgegenwärtigen Zeitmangels doch praktisch sind. Wenn es schnell gehen soll bzw. wenn man etwas Besonderes wie Gemüsesuppen, Dips und Desserts machen möchte, finden wir es sinnvoll, folgende Küchenmaschinen zu haben:

- elektrisches Handrührgerät
- Standmixer und/oder Pürierstab
- Blitzhacker

Diese Geräte machen es möglich, in wenigen Minuten leckere Frischkost herzustellen, z. B. feine Suppen oder auch Vanille- bzw. Schokocreme, Pesto u. v. m. Das macht auch gestressten Müttern und Berufstätigen Mut zur Frischkost.

Zu den Rezepten

Mengenangaben:

Die Rezepte sind für jeweils 2 Portionen ausreichend, wenn man sich an einem Rezept satt essen möchte, und reichen für 4 Personen, wenn sie in einer Speisenfolge gereicht werden.

1 TL = 1 Teelöffel
1 EL = 1 Esslöffel
1 MS = 1 Messerspitze
geh. = gehäuft
gestr. = gestrichen
Pfeffer bedeutet immer frisch gemahlenen Pfeffer

Zu den Zutaten

Wir haben bei unseren Rezepten kein tierisches Eiweiß, z. B. in Form von Milch oder Käse, verwendet. Bei vielen ernährungsbedingten Zivilsationskrankheiten, wie so genannten Allergien, Ekzemen, Infektanfälligkeit und rheumatischen Erkrankungen, sollte darauf verzichtet werden, da bei dieser Krankheiten die heutige Eiweißüberfütterung eine wichtige Mitursache darstellt.
Dennoch brauchen Sie keine Angst davor zu haben, eine Unterversorgung an Eiweiß zu erleiden, da der Mensch viel weniger Eiweiß braucht, als man lange Zeit glaubte. Ein einfacher Maßstab für die benötigte Eiweißmenge ist die Muttermilch, bei der der Säugling in weniger als einem Jahr sein Gewicht verdoppelt und das bei ca. 2 % Eiweißgehalt. Sicherlich ist anzunehmen, dass ein Erwachsener, der ja nicht mehr wächst, sogar mit weniger Eiweiß in der Nahrung auskommt. Wichtig ist aber, dass dieses Eiweiß nicht durch Erhitzung denaturiert ist, und das ist bei der Frischkost ja nicht der Fall.

Dr. M.O. Bruker meinte spaßeshalber: »Wenn Sie unbedingt Eiweiß in Form von Fleisch zu sich nehmen möchten, dann aber nativ, also roh und ganz. Also zum Beispiel eine kleine Maus morgens…«

Wir verwenden immer so genannte kaltgepresste Öle, da sie nicht raffiniert, sondern nur mechanisch aus den Ausgangsprodukten gewonnen werden. Gern nehmen wir verschiedene Öle, z. B. auch Nussöle, wegen der unterschiedlichen Aromen und Inhaltsstoffe.

Wir empfehlen, verschiedene Essigsorten auszuprobieren, außer Apfelessig vielleicht auch Himbeeressig, Kräuteressig, Balsamico und was es so alles gibt, damit die Frischkost abwechslungsreich gestaltet wird.
Wir bevorzugen Essig aus dem Naturkosthandel, der ohne Zusatzstoffe auf natürliche Weise hergestellt wird.
Wir benutzen manchmal zum Abschmecken der Speisen Honig, wobei wir meistens Akazienhonig nehmen, weil dieser nicht so ein starkes Eigenaroma hat. Helle Blütenhonige und Rapshonig sind auch relativ neutral.
Um bei der Zubereitung der Frischkost Zeit zu sparen, hilft es uns sehr, Salate und Kräuter schon gleich nach dem Kauf oder der Ernte zu waschen und zu putzen. Sie können dann, noch feucht, in großen Plastikdosen mit Deckel oder locker verschlossenen Gefrierbeuteln einige Tage im Kühlschrank aufbewahrt werden und halten sich wunderbar frisch. Man kann dann jederzeit die benötigte Portion entnehmen, und die Mahlzeit ist ruckzuck bereitet.
Wir können nur empfehlen, so viel Obst und Gemüse wie möglich aus Bio-Anbau zu verwenden, da es so gut wie schadstofffrei ist, besser schmeckt, haltbarer ist und nachweislich auch vitalstoffreicher ist als konventionell erzeugte Ware.
In den Wintermonaten ergänzen wir um der Vielfalt willen gern unsere Frischkost und andere Gerichte mit Sprossen, da sie preiswert, lecker und voller Lebendigkeit sind.
Unsere »Lieblinge« stellen wir Ihnen hier vor, aber natürlich kann man noch viel mehr Getreide und Kerne keimen lassen. Für weiterführende Literatur gibt es einen Anhang auf S. 92

Sonnenblumenkernsprossen

Die Sonnenblumenkerne ca. 6 Stunden, bedeckt mit Wasser, bei Zimmertemperatur einweichen.

Dann in einem Sieb abspülen und auf einem Teller ausbreiten (die Sprossen sollen feucht, aber nicht zu nass bleiben, also keine zu dicken Schichten ausbreiten!). Noch besser ist es, ein Keimgerät zu benutzen, wie es in verschiedenen Ausführungen im Naturkosthandel angeboten wird.

Schon nach 1–2 Tagen, an denen die Kerne noch zweimal täglich in gleichmäßigem Abstand mit reichlich Wasser gespült werden müssen, erscheint ein kleiner Keim (2–4 mm), und die Sprossen sind essfertig.

Nicht weiterkeimen lassen, weil die Sprossen sonst wertvolle Vitamine wieder verlieren und auch bitter im Geschmack werden.

Falls man sie nicht so schnell essen kann, einfach im Kühlschrank aufbewahren, dann geht die Keimung nicht so rasch weiter.

Beachte: 1 Tasse Samen ergibt ca. 1,5 Tassen Keime

Getreidesprossen

Roggen oder Weizen werden 12 Stunden in Wasser eingeweicht und dann weiterbehandelt wie die Sonnenblumenkerne s. o. Doch brauchen sie ca. 1 Tag länger, bis der Keimling erscheint und sie essfertig sind.

Beachte: 1 Tasse Körner ergibt ca. 3–4 Tassen Sprossen

Rote Linsensprossen

Wir benutzen für Salat gern die roten Linsen, da sie so dekorativ sind, schnell keimen und lecker sind. Die Linsen werden über Nacht mit Wasser bedeckt eingeweicht und, wie bei den Sprossen, weiterbehandelt. Eventuell mehrmals täglich in Wasser spülen. Nach ca. 3 Tagen ist der Keim gewachsen. Er sollte nicht zu lang werden, weil die Linsenkeime sonst nicht mehr so besonders lecker, sondern sehr streng schmecken. Da muss man gut auf seine Linsen aufpassen, weil die Keime schnell wachsen, wenn sie erst einmal sichtbar sind.

Beachte: 1 Tasse Linsen ergibt ca. 6 Tassen Sprossen

Frischkorngericht nach Dr. M. O. Bruker

Zutaten für 1 Person:

3 EL	Weizen oder anderes Getreide (ca. 50 g)
	Wasser (ca. 6 EL)
1	Apfel
1 EL	Zitronensaft
	Nüsse oder Mandeln
	weiteres Obst nach Jahreszeit und Geschmack
1–2 EL	Sahne

Getreide nach Geschmack jedesmal frisch vor der Zubereitung mittel bis grob mahlen (in einer Getreidemühle, einer Kaffeemühle oder einem Blitzhacker) und mit etwas ungekochtem, kaltem Leitungswasser zu einem nicht zu flüssigen Brei verrühren, damit nach Quellung nichts weggegossen werden muss. Ohne Abdeckung bei Zimmertemperatur 5–12 Stunden stehen lassen.

Nach der Quellzeit einen Apfel hineinreiben, ebenso den Zitronensaft und die gehackten Nüsse hineinrühren. Die Sahne flüssig oder steif geschlagen unterheben oder auch extra dazu reichen.

Nach Wunsch und Jahreszeit noch anderes Obst dazugeben und evtl. noch mit Vanille und/oder Zimt würzen. Es sind viele leckere Variationen möglich, so dass es nie langweilig schmecken wird.

Variation:

70 g grob gehackte Cashewkerne einige Stunden in Wasser einweichen, Wasser abgießen, 6 EL frisch gepresste Dinkelflocken dazu, 2 zerdrückte Bananen, obenauf geschlagene Sahne

Frischkornsprossengericht nach Dr. Evers

3 El Roggen oder Weizen keimen lassen (Beschreibung S. 11)

$1/2$	geriebener Apfel
$1/2$	Banane in Scheiben oder zerdrückt
1 TL	Zitronensaft
	einige Nüsse oder Mandeln
2 EL	Schlagsahne, flüssig oder steif geschlagen

Zubereitung wie Frischkorngericht.

Es ist ein tragisches Kapitel menschlicher Geschichte, dass der Mensch sich so weit hat beeinflussen lassen, dass er der Nahrung umso mehr traut, je unnatürlicher und künstlicher sie ist, und dass er sich das Misstrauen zu allen Lebensmitteln, wie die Natur sie uns beschert, so fest hat einpflanzen lassen, dass er eher zugrunde geht, als diese Haltung aufzugeben.
Dass er dieses Misstrauen zur Schöpfung selbst nicht als Unrecht und widersinnig empfindet, ist ein Zeichen dafür, wie weit er sich durch ständige Fehlinformation seinen Instinkt hat nehmen lassen.

Dr. M. O. Bruker

Inhaltsverzeichnis

Warum ein Frischkostbuch? 5
Was Sie wissen sollten 6
Die vier zu meidenden Speisen 8
Die Speisen, die täglich gegessen
werden sollten 8
Küchengeräte zur
Frischkostzubereitung 9
Zu den Rezepten 9
Zu den Zutaten 10
Sonnenblumenkernsprossen....... 11
Getreidesprossen................ 11
Rote Linsensprossen............. 11
Frischkorngericht nach
Dr. M. O. Bruker................ 11
Variation 12
Frischkornsprossengericht
nach Dr. Evers 12

Suppen
Walnuss-Gurkensuppe............. 18
Tomatensuppe................... 18
Festliche Erbsensuppe 19
Grüne Gemüsesuppe.............. 19
Möhrensuppe 20

Kleine Köstlichkeiten
Feine Gemüsesülzchen 22
Möhrensülzchen 22
Erbsensülzchen mit Dillsauce 23
Variationen für gefüllte Tomaten.... 24
– mit Erbsenfüllung............. 24
– mit Avocadosalat 24
Ruccolade zu Avocado 25
Bärlauchpesto 26
Pikante Walnuss-Snacks 26
Kräuterkäse aus Kernen 27
Avocado-Paprika-Creme 27
Roggenbrocken.................. 28

Gefüllte Champignons 28
Tomaten-Möhren-Aufstrich........ 30
Gurkenschiffchen 31
Gefüllte Datteln................. 32

Dips und Saucen
Remoulade, vegetarisch 36
Senf-Honig-Dill-Sauce 36
Sonnenblumenkernpaste 37
Oliven-Dressing 37
Spanische Knoblauchsauce 38
Dip Diabolo.................... 38
Tzaziki 39
Pesto 39

Salate
Blattsalat mit feuriger
Aprikosensauce 42
Frühlingsgemüse................ 42
Blattsalat mit Linsenkeimen 43
Avocado mit Linsensprossen 43
Majestäten-Cocktail 44
Apfel-Walnuss-Salat............. 44
Lauch-Apfel-Salat............... 45
Aprikosencurry auf Blattsalat 45
Waldorfsalat 46
Carpaccio von Gemüsen.......... 46
Avocado-Tomaten-Teller 48
Bananen-Paprika-Salat........... 48
Blumenkohl mit Karotte 49
Blattsalat mit Mango-Curry 49
Chicorée mit Orangen........... 50
Chicorée in Curry 50
Champignons in Kräutersauce 51
Farmersalat 52
Rucola-Birnen-Salat 53
Zucchini mit Knoblauchtopping 55
Paprikasalat.................... 56

◊ Farmersalat s. S. 52

Chicorée mit Mandarinensauce	56	**Süßes**	
Salat »Goldene Oase«	57	Bananennascherei	74
Krautsalat griechische Art	60	Pfirsich-Smoothie	74
Feldsalat mit Clementinen und Datteln	60	Vanille-Creme	75
		Melone auf Zimtsauce	76
Salattraum	61	Pfirsich-Eis	78
Kopfsalat mit Sprossen	62	Melonenbowle	78
Sauerkraut mit Ananas	63	Beeren in Gelee	79
Möhrensalat mit Basilikum	64	Apfel in Mangocreme	80
Selleriesalat mit Trauben und Walnüssen	64	Himbeer-Mandel-Eis	81
		Erikas Erdbeereis	81
Bunter Kopfsalat	65	Schokocreme	82
Zucchinisalat mit Minze	65	Fruchtkaltschale	84
Zwiebel-Ananas-Salat	66	Vanillesauce	84
Bunter Krautsalat	66	Obstsalat	85
Sauerkraut in Paprikarahm	68	Nusssahne	85
Tomatensalat mit Basilikum	68	Frische Feigen auf Mandelcreme	86
Zucchini mit Tomatensauce	69	Orangen-Bananen-Salat	88
Gurkensalat norddeutsche Art	70	Apfelmus	88
Blattsalat mit Kräuterdressing	70	Honigmarzipan	89
Chinakohl mit Orangenschlagsahne	71	Marzipansahnedessert	89
		Bananen-Eiskonfekt	90
		Weiterführende Literatur	92

Keines der in diesem Buch abgebildeten Gerichte ist mit Kunstharz besprüht, eingefärbt, synthetisch nachgebildet oder anderweitig behandelt worden. Alle Salate, Desserts, Suppen, Dips & Soßen wurden frisch zubereitet, fotografiert und danach mit Genuss verzehrt!

Suppen

Die folgenden Suppen sind blitzschnell herzustellen und eignen sich wunderbar zum Mitnehmen an den Arbeitsplatz

Walnuss-Gurkensuppe

100 g	Walnusskerne
2	Knoblauchzehen
1	Bund Petersilie
1	Bund Dill
2	EL Olivenöl
2	Becher saure Sahne
	Kräutersalz
1	mittelgroße Salatgurke, etwas klein geschnitten

Alles im Mixer pürieren und 1 Stunde kalt stellen.
  Vor dem Servieren noch einmal gründlich umrühren, falls sich etwas Wasser abgesetzt hat.

Tomatensuppe

600 g	Tomaten, grob zerteilt
300 g	Salatgurke, grob zerteilt
10 EL	Olivenöl
1	kleine Zwiebel
2	Knoblauchzehen
1	rote Paprika, grob zerteilt
2 EL	Petersilie
2 TL	Thymian
2 TL	Basilikum
	Kräutersalz
1 EL	Balsamico-Essig

Alles im Mixer pürieren.
Als Suppeneinlage: reichlich Zwiebel- und grüne Paprikawürfel

Festliche Erbsensuppe

250 g	junge, frische Erbsen
1	Zwiebel
1	Knoblauchzehe
20	rote Pfefferkörner (rosa Beeren), ersatzweise frisch gemahlener Pfeffer
	Kräutersalz
5 EL	Petersilie
1	Becher Schlagsahne
1	Becher (Sahnebecher als Maß) Wasser, evtl. noch mehr, denn die Suppe dickt noch nach

Alles im Mixer pürieren und abschmecken. Auf Teller verteilen und als Einlage: 250 g junge, frische Erbsen, geraspelte Möhre und/oder rote Paprikawürfelchen

Grüne Gemüsesuppe

$1/2$	Salatgurke, etwas klein schneiden
$1/2$	Zucchini, etwas klein schneiden
5	kleine Tomaten, halbieren
1	mittlere Zwiebel, grob zerkleinert
1	Bund Dill
1	Bund Petersilie
1	Knoblauchzehe
100 g	Schmand
1	Glas Wasser
6 EL	Olivenöl
	Pfeffer
	Selleriesalz

Alles miteinander im Mixer oder mit Pürierstab pürieren, 1 Stunde kalt stellen. Vor dem Servieren nochmals kräftig umrühren, falls sich Wasser abgesetzt hat. Mit reichlich Sonnenblumenkernsprossen bestreuen.

Möhrensuppe

- 4 mittelgroße Möhren, etwas zerkleinern
- 2 Knoblauchzehen
- 1 Becher Schmand
- 1 Becher Wasser (Schmandbecher als Maß)
- Kräutersalz
- etwas Pfeffer
- 1 großes Bund Basilikum

Alles zusammen im Mixer oder mit dem Pürierstab fein pürieren.
   Mit Sonnenblumenkernen oder -sprossen servieren.

Alle Krankheiten haben eine einheitliche Ursache: den Verstoß gegen die Schöpfungsgesetze

Dr. M. O. Bruker

Kleine Köstlichkeiten

Feine Gemüsesülzchen

200 g Möhren
200 g Zucchini
1 mittelgroße Zwiebel
8 EL Balsamico bianco

Sud:
1 Zwiebel
2 Knoblauchzehen
3 Lorbeerblätter
10 Pfefferkörner
   Kräutersalz
½ l Wasser

1 TL Agar-Agar

20 rote Pfefferkörner (rosa Beeren)
6 EL gehackte Petersilie
2 EL Kapern
   Einige Salatblätter zum Anrichten

Die Möhren und die Zucchini raffeln, die Zwiebel fein würfeln, mit dem Balsamico-Essig verrühren und 2 Stunden marinieren.

Danach das Gemüse durch ein Sieb abgießen, den Abguss zu dem Sud geben. Die Zutaten für den Sud 30 Minuten kochen, nach dem Kochen durch ein Sieb gießen. Die Flüssigkeit wieder auf ½ l ergänzen. Kräftig abschmecken und mit Agar-Agar nochmals 5 Minuten kochen. Etwas abkühlen lassen.

Inzwischen Pfefferkörner, Petersilie und Kapern unter das marinierte Gemüse mischen. Das Gemüse auf kleine Förmchen oder Tassen, die vorher mit kaltem Wasser ausgespült wurden, verteilen und den Sud daraufgeben. Nach dem Erkalten aus den Formen stürzen und auf je einem Salatblatt anrichten.
Dazu passt sehr lecker die vegetarische Remouladensauce (siehe S. 36)!

Möhrensülzchen

Sud wie oben herstellen, eventuell mit etwas mehr Essig
400 g Möhren, grob geraspelt
mindestens 25 g frisches Basilikum, klein geschnitten

Herstellung wie oben bei feinen Gemüsesülzchen.

Erbsensülzchen mit Dillsauce

400 g frische Erbsen
5 EL gehackte Petersilie

Sud und Fertigstellung wie bei feinen Gemüsesülzchen (s. S. 22)

Dillsoße:
150 g Schmand
50 g Sahne
3 EL gehackter Dill
1 gestr. TL Kräutersalz
    schwarzer Pfeffer

Die Zutaten für die Dillsauce miteinander verrühren und abschmecken.

Zum Servieren etwas von der Sauce auf den Teller geben, Erbsensülzchen darauf anrichten und eventuell mit Dill und ganz feinen roten Paprikawürfelchen bestreuen.

»Befangen in der Lehre von Kraft und Stoff hat man das Mysterium in der Ernährung vergessen! So muss eines Tages die Lehre von den Kalorien, die der Körper zu seinem Betriebe aus der Nahrung nimmt, erstaunlichen Schiffbruch leiden, weil der Ernährungsvorgang keine Maschinenheizung allein ist, sondern weil über seinem chemischen Mechanismus noch ein Rätsel, ein Wunder, ein Sonderbares schwebt, das erst erklärt, warum Leben nur durch Leben sich erhalten kann.«

Prof. Dr. med. Carl Ludwig Schleich
»Von der Seele« (1910)

Variationen für gefüllte Tomaten

Von 4 mittelgroßen Tomaten den Deckel abschneiden und das Innere mit einem Löffel herausnehmen und mit beliebiger Füllung servieren:

mit Erbsenfüllung

200 g	kleine, frische Erbsen
1	Bund Petersilie
1	Bund Dill
1 TL	Balsamico bianco
1 TL	Honig
1–2	Knoblauchzehen
1	Becher Schmand
	Kräutersalz, frisch gemahlener grober Pfeffer

Schmand mit Essig, Honig, durchgepresstem Knoblauch und Gewürzen verrühren. Gehackte Kräuter und Erbsen unterheben und in die ausgehöhlten Tomaten füllen. Deckel aufsetzen.

mit Avocadosalat

1	reife Avocado
1	kleine Zwiebel
1 EL	Kapern
2 EL	Schmand
	Kräutersalz, Pfeffer

Schmand mit Salz und Pfeffer würzen. Zwiebel fein würfeln, Avocado würfeln und mit den Kapern vorsichtig unterheben. In die ausgehöhlten Tomaten füllen und den Deckel aufsetzen.

Tipp: verschieden gefüllte Tomaten auf einer Platte mit Salatblättern servieren.

Übrigens: Gemüsereste, wie z. B. das Innere der ausgehöhlten Tomaten, verwenden wir für eine kleine Portion Gemüsesuppe!

Ruccolade zu Avocado

150 g Schmand
1 Bund Ruccola, gehackt
1 kleine Zwiebel, fein gewürfelt
1 TL Honig
1 EL Dijonsenf
1 kleine Gewürzgurke, fein gehackt
½ Apfel, ganz fein gewürfelt
  Kräutersalz, Pfeffer
2 reife Avocados

Schmand mit Honig und Senf verrühren und mit Kräutersalz und Pfeffer würzen. Ruccola, Zwiebel, Gurke und Apfel untermischen.

Die Avocados halbieren, Kern und Schale entfernen.

Entweder die Ruccolade in die Hälften füllen und servieren oder das Avocadofleisch in Spalten schneiden, fächerförmig auf Teller legen und die Ruccolade dazugeben.

Bärlauchpesto

100 g Bärlauchblätter
1–6 Knoblauchzehen
100 g Pistazienkerne (ungesalzen), gemahlen
1 Tasse Olivenöl
Saft von $1/2$ Zitrone
Kräutersalz, Pfeffer

Bärlauch und Knoblauch fein hacken und mit den gemahlenen Pistazienkernen in das Öl mit Zitrone rühren. Mit Salz und Pfeffer abschmecken.

Das Pesto ist im Kühlschrank einige Tage haltbar und kann daher gut vorbereitet werden.

Es passt gut als Dip für Möhren, Gurken und Tomaten.

Pikante Walnuss-Snacks

100 g Walnüsse, fein gemahlen
6–8 fein gehackte Knoblauchzehen
$1/2$ TL Kräutersalz
3 EL Olivenöl
Saft von $1/2$ Zitrone

Alle Zutaten zu einer Paste verkneten.
Je 1 EL dieser Paste in Salatblätter wickeln und/oder etwas davon auf Zucchinischeiben oder feste Tomatenscheiben streichen. Die verschiedenen Snacks auf einem Teller schön anrichten.

– eignet sich als Vorspeisenteller
– lässt sich auch gut für ein Picknick mitnehmen.

Kräuterkäse aus Kernen

50 g   Mandeln
50 g   Sonnenblumenkerne
½ TL Kräutersalz
1   geh. TL frische gehackte Kräuter
½   Zehe Knoblauch nach Geschmack
50 g   lauwarmes Wasser

Mandeln und Sonnenblumenkerne fein mahlen und mit Salz, Kräutern, durchgepresstem Knoblauch und lauwarmem Wasser verkneten. In ein Schälchen drücken und mindestens einen Tag bei Zimmertemperatur fermentieren lassen. Danach im Kühlschrank aufbewahren.

Variante: Als Snack in Salatblätter einwickeln oder in eine Paprikaschote drücken und dann die Schote in dünne Scheiben schneiden.

Aus diesem »Käse« kann man kleine Kugeln formen als sättigende Beilage zu einem Blattsalat.

Avocado-Paprika-Creme

1   reife Avocado
1 EL Schmand
1 TL Senf mittelscharf
1 TL Zitronensaft
1 TL Kräutersalz
         frisch gemahlener Pfeffer

Alles zusammen pürieren.
   Je ½ rote und grüne Paprikaschote in miniklеine Würfelchen schneiden und darunterheben.

Wenn jemand Gesundheit sucht, frage erst, ob er bereit sei, künftighin die Ursachen der Krankheit zu meiden. Erst dann darfst du ihm helfen.

Sokrates

Roggenbrocken

— als sättigende Beilage, »Brotersatz« —

400 g Roggen, gekeimt
200 g Sonnenblumenkerne
1   gestr. TL Kräutersalz

Roggenkeime und Sonnenblumenkerne im Blitzhacker (z. B. Moulinette) zerkleinern (nicht matschig!) und mit dem Kräutersalz zu einer festen Masse kneten.
    Diese zu Rollen formen und in Klarsichtfolie verpackt über Nacht im Kühlschrank ruhen lassen.
    Dann in Scheiben schneiden, auf das Gitterrost vom Backofen legen und bei niedrigster Temperatur (40 Grad) Umluft ca. 5 Stunden trocknen lassen. Dabei die Ofentür einen Spalt offen lassen (man kann dafür einen Kochlöffel dazwischenstecken).
    Man kann die Scheiben auch ohne Ofen auf einem Rost trocknen lassen, das dauert aber wesentlich länger.
    Durch die niedrige Temperatur bleiben die Vitamine erhalten und das Eiweiß denaturiert nicht, so dass man dieses »Brot« gerade noch als Frischkost einstufen kann.

— Die Roggenbrocken kann man gut mit Dips oder Saucen essen
— oder sehr lecker auch mit Tomate-Möhren-Aufstrich, siehe Seite 30.
— oder als Beilage zu einem Salat

Gefüllte Champignons

8 große (Füll-) Champignons

Füllung:
3 EL   gemahlene Mandeln
2 EL   Dill, gehackt
1–2 TL Sojasoße »Shoyu«[*]

Die Pilze, falls nötig, mit einem Pinsel oder einem Küchentuch von Erde befreien. Die Stiele herauslösen und ganz klein schneiden.
    Die gehackten Stiele mit den gemahlenen Mandeln, dem Dill und der Sojasoße vermengen und nochmal abschmecken.
    Die Pilzköpfe auf eine Platte mit Salatblättern legen und die Füllung auf die Pilze verteilen.

[*] Wir verwenden nur selten Sojasauce, dann aber die Sorte Shoyu aus dem Biohandel, da diese Sauce nach alter Tradition 24 Monate gereift ist.

Tomaten-Möhren-Aufstrich*

200 g Tomatenmark
2–3 mittelgroße Möhren, sehr fein reiben
1 mittelstarke Zwiebel, sehr fein schneiden
125 g zimmerwarme Butter
Kräutersalz
Delikata
Kräuter der Provence

Butter schaumig schlagen und mit den übrigen Zutaten verrühren.

Sollten sich Butter und Tomatenmark nicht verbinden, liegt dies an den unterschiedlichen Temperaturen. Gefäß in ein Wasserbad stellen und den warmen Aufstrich nochmals durchrühren.

*aus »Streicheleinheiten« von Erika Richter/Ilse Gutjahr, emu-Verlag

Gurkenschiffchen

4 Gurken
150 g frische Erbsen
4 Frühlingszwiebeln
50 g Walnüsse
200 g Schmand
1 Bund Dill
4 große Möhren

Die Gurken längs halbieren und die Kerne mit einem Löffel herausschaben.
Schmand mit gehacktem Dill verrühren und mit Salz und Pfeffer abschmecken. Die Erbsen hineingeben, die Frühlingszwiebeln in feine Ringe schneiden und dazugeben. Walnüsse grob hacken und untermischen.
Die Masse in die Gurkenhälften füllen. Diese noch quer in kleinere Schiffchen teilen, wenn man möchte.
Die Möhren grob raspeln und auf Teller verteilen. Darauf die Gurkenschiffchen legen.

Gefüllte Datteln

20 frische Datteln

Füllung:
90 g naturscharfer Meerrettich
150 g Schmand
80 g Cashewkerne
Kräutersalz

Die Cashewkerne fein mahlen, mit Schmand und Meerrettich verrühren und mit ein wenig Kräutersalz abschmecken.
Die Datteln an einer Seite aufschlitzen und den Kern entnehmen. Mit einem Teelöffel die Creme in die Datteln füllen.

In den Frischgemüsen birgt sich eine viel zu wenig bekannte erstaunliche Heilkraft gegen ein ganzes Heer der verbreitetsten Krankheiten.
Mit den rohen Früchten zusammen, bilden die Rohgemüse die einzig dastehende Heilnahrung.

Max Bircher-Benner

Dips und Saucen

Remoulade, vegetarisch

200 g Schmand
2 kleine Gewürzgurken
2 EL Kapern
1 mittelgroße Zwiebel
etwas Pfeffer
Kräutersalz
3 EL Cashewkerne oder Sonnenblumenkerne (wenn die Kerne vorher einige Stunden in Wasser eingeweicht werden, wird's noch feiner!)

Gewürzgurken sehr fein würfeln, Kapern ebenso, die Zwiebel schälen und sehr fein würfeln.
Die Cashewkerne fein reiben oder im Zerkleinerer fein mahlen.
Alles in den Schmand rühren und mit Kräutersalz und Pfeffer abschmecken.
Nach Wunsch weiter verfeinern mit
– 3 EL gehackter Petersilie oder
– ¼ TL Senf

Die Remoulade schmeckt lecker z. B. zu Avocado mit Sonnenblumenkernsprossen.

Senf-Honig-Dill-Sauce

1 Becher Schmand
1 EL Akazienhonig
2 TL Zitronensaft
Kräutersalz
100 g Senf mittelscharf
4 EL gehackter Dill oder mehr nach Geschmack

Alles miteinander verrühren.
Schmeckt lecker zu Linsensprossen auf Blattsalat!

Sonnenblumenkernpaste

100 g Sonnenblumenkerne, über Nacht in Wasser einweichen, abgießen
6 EL Sahne
6 EL Olivenöl
Saft von $1/2$ Zitrone
2 TL Senf
1 TL Honig
Kräutersalz, Pfeffer

Die eingeweichten Sonnenblumenkerne mit den übrigen Zutaten im Mixer zu einer cremigen Paste verarbeiten und abschmecken.
    Passt als Dip zu Möhren, Blumenkohl, Brokkoli …

Oliven-Dressing

$1/8$ l steif geschlagene Sahne
10 gefüllte Oliven, fein gewiegt
1 EL fein gehackte rote Paprikaschote
1 EL fein gehackte Petersilie
1 Prise Kräutersalz
evtl. 1 Löffelspitze Honig

Unter die steife Sahne die übrigen Zutaten vorsichtig unterheben. Schmeckt lecker zu Sellerie, Blumenkohl, Apfel …

Spanische Knoblauchsauce

1 gr. Tomate
6–8 Knoblauchzehen
1 Bund Petersilie
1 Bund Basilikum
3 EL Olivenöl
1 EL Balsamico bianco
Kräutersalz, schwarzer Pfeffer

Tomaten, Knoblauch und Kräuter fein hacken und im Mörser zerstoßen. (Die »schnelle Hausfrau« von heute benutzt sicher Pürierstab oder Blitzhacker. Allerdings ist der Geschmack dann etwas anders.)
    Essig und Öl hinzufügen und mit Salz und Pfeffer kräftig abschmecken.
    Zugedeckt 1–2 Stunden ziehen lassen. Schmeckt toll zu Tomaten- und Blattsalaten!

Dip Diabolo

1 Becher Schmand
1 EL Tomatenmark
1 EL Curry
1 EL Honig
6 Knoblauchzehen, durchgepresst
einige Spritzer Zitronensaft
Kräutersalz

Einfach alles mit dem Schneebesen verrühren.
    Passt zu Blattsalat, Avocado oder man kann Möhren, Staudensellerie u. a. Gemüse hineindippen und knabbern.

Tzaziki

500 g Schmand
3   dicke Knoblauchzehen, durchgepresst
4 EL Olivenöl
    Kräutersalz
1 TL Dill, gehackt
    frisch gemahlener Pfeffer
$^1/_2$ Salatgurke, geraspelt

Alles miteinander verrühren, abschmecken und im Kühlschrank mindestens 1 Stunde durchziehen lassen.

Pesto

1   Bund Basilikum
$^1/_2$ Bund Petersilie
50 g Pinienkerne
50 g Walnusskerne
2   Knoblauchzehen
1   Tasse Olivenöl
    Kräutersalz
    frisch gemahlener schwarzer Pfeffer

Basilikum, Petersilie, Walnüsse und Pinienkerne fein hacken und mit den restlichen Zutaten im Mörser zu einer glatten Paste verarbeiten.

Wenn es blitzschnell gehen muss, alles im Blitzhacker oder Mixer verarbeiten.

Lecker zu aufgeschnittenen Tomaten und Avocado, aber auch als Dip für Gemüse und Pilze.

Salate

*Das Einfachste
ist das Schwierigste auf der Welt.*

Emil Nolde

Blattsalat mit feuriger Aprikosensauce

1 großer grüner Salat

Blätter waschen, trockenschleudern, evtl. grob zerteilen und auf einer Platte oder zwei großen Tellern anrichten.

Sauce:
12 reife Aprikosen, entsteint
½ scharfe, rote Peperoni
2 EL Sesamöl
1 EL Honig
  Kräutersalz

Alles zusammen im Mixer oder mit Pürierstab pürieren.
   Über den Salat geben und mit gehacktem Schnittlauch und/oder Sprossen von roten Linsen dekorieren.

Frühlingsgemüse

400 g Schmand
4 EL Olivenöl
  Kräutersalz
je 2 EL Petersilie, Dill, Schnittlauch und/oder Wildkräuter
2 Zwiebeln, fein gewürfelt
je 1 grüne, rote und gelbe Paprikaschote, fein gewürfelt
1 Stück Salatgurke (ca. 200 g) klein gewürfelt
12 Radieschen, fein gehobelt

Schmand, Öl, Salz und gehackte Kräuter miteinander verrühren und das zerkleinerte Gemüse untermischen.

Blattsalat mit Linsenkeimen

1 Kopf Blattsalat
1 Tasse rote Linsensprossen (Anzucht s. S. 11)

Sauce:
3 EL Balsamico bianco
8 EL Sesamöl
1 EL Senf mittelscharf
      Kräutersalz, grob gemahlener Pfeffer
1 EL Akazienhonig
1   mittelgroße Zwiebel, fein gewürfelt

Salatblätter waschen, trockenschleudern und auf Teller legen. Linsensprossen daraufgeben.
   Die Zutaten für die Sauce mit dem Schneebesen verrühren und über den Salat geben.

Avocado mit Linsensprossen

1 Rezept Senf-Dill-Sauce (s. S. 36) mit 1 Tasse rote Linsensprossen (Anzucht s. S. 11) mischen und in 4 Avocadohälften füllen.

– sehr sättigend –

Majestäten-Cocktail

Sauce:
3 EL Schmand
3 EL Sahne
½ TL Senf, mittelscharf
1 TL Honig
2 EL Balsamico bianco
     Kräutersalz, weißer Pfeffer
2   Äpfel
2   grüne Paprikaschoten
120 g Staudensellerie

Zutaten für die Sauce miteinander verrühren.
   Die Äpfel würfeln. Ebenso die Paprikaschoten. Selleriestangen in feine Scheiben schneiden. Alles unter die Sauce heben. Mit Petersilie garnieren.

Apfel-Walnuss-Salat

2   süße Äpfel, gewürfelt
80 g Walnusskerne, gehackt

Sauce:
5 EL Sahne
2 EL Tomatenmark
1 EL Senf, mittelscharf
1 EL Zitronensaft
     etwas Kräutersalz
1 TL Honig

Saucenzutaten miteinander verrühren. Apfelwürfel und gehackte Nüsse unterheben und auf grünen Salatblättern, vielleicht in Cocktailgläsern, anrichten.

Lauch-Apfel-Salat

1 Stange Lauch
2 Äpfel

Sauce:
1 Becher Schmand
1 TL Honig
etwas Zitronensaft
etwas Kräutersalz

Saucenzutaten miteinander verrühren und abschmecken.
Lauch in feine Ringe schneiden.
Die Äpfel reiben und alles sofort miteinander vermischen.

Achtung: Diesen Salat bald verzehren, da der Lauch sonst bitter wird!

Aprikosencurry auf Blattsalat

1 Kopf Salat

Sauce:
12 reife Aprikosen, entsteint
1 EL Curry oder mehr, nach Geschmack
100 g Schmand
1 EL Zitronensaft
1 EL Akazienhonig
etwas Kräutersalz

Alles miteinander im Mixer oder mit Pürierstab pürieren.
Den Salat waschen, trockenschleudern und evtl. die Blätter etwas zerteilen und auf einer Platte oder zwei Tellern anrichten.
Das Aprikosencurry daraufgeben und mit reichlich (wenn vorhanden) gekeimten Sonnenblumenkernen bestreuen.

Waldorfsalat

300 g	Schmand
	Saft von 1 Zitrone
1 TL	Akazienhonig
1 Msp.	Meersalz
300 g	Knollensellerie, fein gestiftelt
250 g	Äpfel, klein gewürfelt
250 g	frische Ananas, gestiftelt
250 g	Orangen, geschält, fein gescheibelt
50 g	Walnusskerne, grob gehackt
	Dekoration: Radicchioblätter

Schmand mit Zitronensaft, Honig und Salz verrühren.

Die übrigen Zutaten vorsichtig darunterheben.

Auf Radicchioblättern anrichten.

Carpaccio von Gemüsen

1	kleiner Kohlrabi
1	große Möhre
150 g	Zucchini
200 g	Tomaten
8	Basilikumblätter

Dressing:
3 EL	Balsamico bianco
	Salz, Pfeffer
	etwas Honig
1	Knoblauchzehe
6 EL	Olivenöl

Kohlrabi, Möhre und Zucchini in sehr dünne Scheiben hobeln und dekorativ auf Teller verteilen (z. B. kreisförmig).

Die Tomaten ganz fein würfeln und darüberstreuen. Basilikumblätter feinstreifig schneiden und über das Carpaccio streuen.

Die Zutaten für das Dressing mit dem Schneebesen verschlagen und über das Gemüse träufeln.

Auf Wunsch noch mit einigen Sonnenblumenkernkeimen bestreuen.

Avocado-Tomaten-Teller[*]

2 reife Avocados
4 mittelgroße wohlschmeckende Tomaten

Dressing:
2 EL Balsamicoessig
6 EL Olivenöl
Pfeffer, Kräutersalz
Basilikumblätter zum Dekorieren

Das Avocadofleisch quer in Scheiben schneiden und auf einen Teller legen. Die Tomaten in Scheiben schneiden und um die Avocado herumlegen.

Mit Pfeffer und Kräutersalz bestreuen und mit Basilikum dekorieren. Essig und Öl mit dem Schneebesen cremig schlagen und über den Salat träufeln.

[*] aus »…einfach raffiniert!« von Ilse Gutjahr, emu-Verlag

Bananen-Paprika-Salat

Sauce:
100 g Schmand
$1/2$ TL abgeriebene Zitronenschale
2 EL Zitronensaft
1 TL Senf, mittelscharf
1 TL Akazienhonig
Kräutersalz, Pfeffer
2 EL Sonnenblumenöl
2 EL gehackte Petersilie
2 reife Bananen
je 1 rote, gelbe und grüne Paprikaschote

Die Saucenzutaten mit dem Schneebesen verrühren und abschmecken.

Bananen in Scheiben schneiden und sofort untermischen.

Die Paprikaschoten in kleine Würfelchen schneiden. Einige Esslöffel davon zurückbehalten, den Rest unter den Salat mischen.

Die zurückbehaltenen Paprikawürfel als Dekoration auf den Salat streuen.

Blumenkohl mit Karotte*

Sauce:
- 1 Becher saure Sahne
- 2 EL Sonnenblumenöl
- 2 Msp. Kräutersalz
- 2 Msp. Curry
- 250 g Blumenkohl
- 300 g Karotten
- Schnittlauch, fein geschnitten für die Dekoration

Die Saucenzutaten miteinander verrühren. Den Blumenkohl in kleinste Röschen teilen (oder, wenn es schnell gehen muss, raspeln) und die Karotten raspeln. Das Gemüse unter die Sauce mischen und mit Schnittlauch bestreuen.

*aus dem Praxisseminar mit Erika Richter in Lahnstein, im Bruker-Haus

Blattsalat mit Mango-Curry

- 1 Kopf Salat nach Wahl
- 1 reife Mango
- 2 Bananen
- 1 EL Honig
- Saft von ½ Zitrone
- 1 Prise Kräutersalz
- 1 gestr. EL Curry
- 1 Becher Schmand
- Kürbiskerne oder Kürbiskernsprossen

Den Salat waschen und trockenschleudern. Eventuell grob zerteilen.

Die Mango schälen und das Fruchtfleisch vom Stein schneiden. Zusammen mit den Bananen, dem Schmand, Curry, Honig, Zitronensaft und Salz pürieren.

Auf dem Salat anrichten und reichlich mit gehackten Kürbiskernen oder Kürbiskernsprossen garnieren.

Chicorée mit Orangen*

3   Stauden Chicorée
2   Orangen

Sauce:
1   Tasse Sahne
1 EL   Senf, mittelscharf
1 EL   Obstessig
1 EL   Öl
1   Bund Dill, fein geschnitten
    Kräutersalz, Cayennepfeffer

Die Zutaten für die Sauce mit dem Schneebesen cremig verrühren.
   Den Chicorée in feine Streifen schneiden und auf einer Platte oder einem Teller anrichten. Die Orangen schälen und in feine Scheiben schneiden. Diese auf dem Chicoree anrichten und die Sauce darübergießen.

Chicorée in Curry*

2   Stauden Chicorée
2   säuerliche Äpfel
1–2   Bananen

Sauce:
2   Becher saure Sahne
    Saft von $^1/_2$ Zitrone
3–4 EL   Öl
1   Knoblauchzehe, durchgepresst
$^1/_2$ TL   Curry
    Kräutersalz
    etwas süße Sahne
    Salatblätter zum Anrichten

Die Zutaten für die Sauce miteinander verrühren. Mit etwas süßer Sahne abschmecken.
   Den Chicorée in feine Streifen schneiden. Die Äpfel mit Schale würfeln. Die Bananen mit einer Gabel zerdrücken. Alles in die Sauce mischen.
   Auf Salatblättern anrichten.

*aus »Die vitalstoffreiche Vollwertkost nach Dr. M. O. Bruker« von Ilse Gutjahr, erschienen im Mosaik-Verlag

Champignons in Kräutersauce

300 g Champignons, in dünne Scheiben geschnitten

Sauce:
150 g Schmand
100 g Saure Sahne
1 TL Zitronensaft
     Pfeffer, Kräutersalz
½ Tl Senf, mittelscharf
½ TL Honig

100–150 g gemischte Kräuter, fein gehackt
     Salatblätter, Radieschenscheiben und Kräuter zum Anrichten

Saucenzutaten miteinander verrühren und abschmecken. Die Pilze darunterheben. Salatblätter auf Teller legen. Den Champignonsalat daraufgeben. Mit Radieschenscheiben und gehackten Kräutern dekorieren.

Farmersalat

1   dünne Lauchstange
2   mittelgroße Möhren
1   ganz kleiner Knollensellerie oder
    ein Stück

Sauce:
2   Becher Schmand
100 g Sahne
2 TL   Senf
       Kräutersalz, Pfeffer
2 EL   Zitronensaft
2   geh. TL Honig

Saucenzutaten miteinander verrühren.
   Lauch in feine Streifen schneiden.
Möhren grob raspeln, ebenso den Sellerie.
   Alles unter die Sauce rühren.

Rucola-Birnen-Salat

200 g Rucola
1 große reife Birne oder 2 kleine

Dressing:
¹/₂ Tasse Kürbiskernöl
8 EL Balsamico bianco
1 gestr. TL Kräutersalz
1 TL Akazienhonig
grob gemahlener Pfeffer

Den Rucola gut waschen und evtl. von harten Stängelchen befreien. Auf einer Platte nett anrichten. Die Birne in sehr feine Spalten schneiden und auf dem Rucola verteilen.

Die Zutaten für das Dressing miteinander verschlagen und über den Salat träufeln.

Zum Schluss den Salat mit grob gemahlenem Pfeffer bestreuen.

Zucchini mit Knoblauchtopping

4	Zucchini in feine Scheiben hobeln und auf Teller verteilen.

Topping:
2 EL Schmand
1 EL Sahne
1 Spritzer Zitronensaft
¼ TL Senf
  Kräutersalz, Pfeffer
6 Knoblauchzehen

Für das Topping Schmand mit Sahne, Zitronensaft und Senf verrühren, mit Salz, Pfeffer und durchgepresstem Knoblauch abschmecken.
Mit einem Löffel auf den Zucchinischeiben anrichten.

Lieber geht ein Mensch zugrunde, als dass er seine Gewohnheiten ändert.

Leo Tolstoi

Paprikasalat

je 1	grüne, gelbe und rote Paprikaschote
3	Tomaten
8	Champignons

Sauce:
6 EL	Öl
6 EL	Obstessig
6 EL	Sahne
2	Zwiebeln, fein gewürfelt
1	Prise Cayennepfeffer
1 TL	Kräutersalz
½ TL	Paprikapulver, edelsüß
je 1 EL	gehackte Petersilie, Dill und Schnittlauch

Die Zutaten für die Sauce mit einem Schneebesen verrühren.

Die Paprikaschoten fein würfeln, ebenso die Tomaten und Champignons, und unter die Sauce mischen.

Chicorée mit Mandarinensauce

4	Stangen Chicorée
3	Mandarinen

Sauce:
1	Becher Schmand
	Saft von 1 Mandarine
1 EL	Curry
1 EL	Tomatenmark
1 EL	Honig
3	Spritzer Zitronensaft
	etwas Kräutersalz

Die Zutaten für die Sauce miteinander verrühren.

Den Chicorée halbieren, den Stiel herauslösen, da er bitter ist,* und die Blätter quer in Streifen schneiden.

Die Mandarinen schälen, zerteilen und grob zerschneiden. Zusammen mit dem Chicorée unter die Sauce mischen.

Gut durchziehen lassen.

Zum Servieren auf Salatblättern anrichten.

*wer den Bittergeschmack liebt, kann den Stiel mitessen. Das ist gesund!

Salat »Goldene Oase«

1 kleiner Friseesalat oder anderer dekorativer Salat, zerpflückt
2 Rote Bete, grob geraspelt
4 Möhren, grob geraspelt

Sauce:
   Saft von 1 Orange
   Saft von 1 Zitrone
8 EL Sojasauce »Shoyu«°
1 gestr. TL Curry
1 TL Honig
   Pfeffer

Die zerpflückten Salatblätter auf Teller verteilen, darauf die Rote-Bete-Raspel, darauf wiederum die Möhrenraspel dekorativ anrichten.

Saucenzutaten miteinander verrühren und über den Salat gießen.

Nach Wunsch mit gekeimten Sonnenblumenkernen krönen.

° Wenn wir ausnahmsweise Sojasauce verwenden, dann diese Sorte, da sie traditionell 24 Monate reift

Krautsalat griechische Art

1	kleiner Weißkohl
2	Möhren

Sauce:
8 EL	Olivenöl
4 EL	Kräuteressig
2 EL	Oregano
1–2 TL	Honig
	Kräutersalz, Pfeffer

Zuerst die Saucenzutaten in einer großen Schüssel miteinander verrühren.

Dann den Weißkohl fein hineinhobeln und mit den Händen kräftig mit der Sauce verkneten, damit der Kohl weich wird.

Dann die Möhren dazuraspeln und untermischen.

Feldsalat mit Clementinen und Datteln

12	Clementinen
125 g	Datteln
200 g	Feldsalat
50 g	gehackte Walnüsse

Sauce:
je 2 EL	Zitronen- und Orangensaft
2	Teelöffelspitzen Zimt
4 EL	Walnussöl o. a.

Feldsalat waschen und putzen, auf Teller verteilen.

Clementinen schälen, klein schneiden und Datteln in Streifen schneiden.

Auf dem Salat verteilen.

Saucenzutaten miteinander verrühren und über den Salat gießen. Zum Schluss mit den gehackten Walnüssen bestreuen.

Salattraum

1	Batavia- oder Eisbergsalat
1	Melone oder 500 g kernlose Weintrauben
2 EL	Kürbiskerne

Sauce:
- 8 EL Kürbiskernöl
- 4 EL Balsamico bianco
- 1 EL Honig
- Kräutersalz, Pfeffer

Den gewaschenen, trockengeschleuderten Salat in feine Streifen schneiden. Die Melone in Stückchen schneiden (oder, besonders festlich, Kugeln ausstechen), Kürbiskerne grob hacken.

Die Saucenzutaten mit dem Schneebesen cremig rühren und unter den Salat heben.

Kopfsalat mit Sprossen

1 Kopfsalat

Sauce:
8 EL Sonnenblumenöl
8 EL Schmand
1   gehäufter TL Senf, mittelscharf
2 TL Honig
1 EL Zitronensaft
      Kräutersalz, Pfeffer
1   Handvoll Linsensprossen o. a.

Kopfsalat waschen, trockenschleudern und grob zerpflücken.
   Saucenzutaten mit dem Schneebesen verrühren, über den Salat geben und dick mit Linsensprossen bestreuen.

Sauerkraut mit Ananas

500 g Sauerkraut
2 süße Äpfel
½ Ananas (am besten Sorte »extra sweet«)
2 Becher saure Sahne
1 Prise Kräutersalz, schwarzer Pfeffer

Sauerkraut etwas klein hacken. Die Äpfel klein würfeln, ebenso das Ananas-Fruchtfleisch. Die saure Sahne abschmecken und alles miteinander vermengen.
Mit Apfelspalten garnieren.

Möhrensalat mit Basilikum

1	Becher Schmand
1	Bund frisches Basilikum, klein geschnitten
4	Knoblauchzehen, durchgepresst
1	Spur Pfeffer
	etwas Kräutersalz
400 g	Möhren, geraffelt

Schmand mit Basilikum, Knoblauch, Pfeffer und Kräutersalz abschmecken und die geraffelten Möhren hineinmischen.
  Mit Basilikumblättern garnieren.

Selleriesalat mit Trauben und Walnüssen

1	große Sellerieknolle
150 g	Schmand
50 g	Sahne
1 EL	Honig
	Saft von ½ Zitrone
	Kräutersalz
50 g	Walnusskerne, gehackt
250 g	süße Weintrauben

Schmand mit Sahne, Honig, Zitronensaft und Kräutersalz verrühren.
  Die Sellerieknolle hineinraffeln und die Weintrauben und Nüsse untermischen.
  Den Salat eventuell mit Walnusshälften und Weintrauben garnieren.

Bunter Kopfsalat

1	kleiner Kopfsalat, Blätter grob zerteilt
2	rosa Grapefruits, geschält und die Spalten grob zerschnitten
je 1	kleine rote und grüne Paprikaschote, fein gewürfelt
2	Bananen, in Scheiben
1	Zwiebel, fein gewürfelt
½	Bund Petersilie, gehackt

Sauce:
4 EL Balsamico bianco
8 EL Öl
       Kräutersalz, Pfeffer
1 TL Honig
2 TL Senf

Die Zutaten für die Sauce mit dem Schneebesen verschlagen.
 Gemüse und Obst in einer Schüssel vermengen und mit der Sauce begießen.

Zucchinisalat mit Minze

500 g junge, kleine Zucchini
1 TL   gehackte Minze (oder Basilikum, oder Oregano …)
5 EL   Olivenöl
½ TL   Kräutersalz
1   kleine Möhre

Die Zucchini in feine Scheiben hobeln und rosettenförmig auf einem Teller anrichten.
 Öl darüberträufeln, Kräutersalz darüberstreuen.
 Garnieren mit in feine Würfel geschnittener Möhre und der gehackten Minze.

Die Menschen erbitten sich Gesundheit von den Göttern, dass sie selbst darauf Einfluss nehmen können, wissen sie nicht!

Heraklit

Zwiebel-Ananas-Salat

1	sehr große milde Gemüsezwiebel oder 2 kleinere
½	frische Ananas
1	Becher Schmand
1 EL	Balsamico bianco
1 EL	Currygewürz
1 EL	Akazienhonig
	Kräutersalz
	grüne Salatblätter zum Anrichten

Die Zwiebel in sehr feine Streifen schneiden oder hobeln und in dem Essig mit dem Kräutersalz ca. 1 Stunde marinieren (ziehen lassen).

Das Fruchtfleisch der Ananas sehr klein würfeln. Schmand mit Honig und Curry sorgfältig verrühren und mit den Ananaswürfeln unter die Zwiebeln heben.

Auf den Salatblättern anrichten.

Bunter Krautsalat

500 g	Weißkohl, fein gehobelt
je 1	gelbe, grüne und rote Paprikaschote, sehr fein gewürfelt
1	Gewürzgurke, fein gewürfelt
2 EL	fein gehackte Zwiebel
½	Tasse Oliven- oder Sesamöl
	Saft von 1 Zitrone
1 TL	Honig
	Meersalz, Pfeffer

Weißkraut mit Salz und Zitronensaft kräftig durchkneten (mit den Händen) bis es »schlapp« wird.

Paprika-, Gurken- und Zwiebelwürfelchen dazugeben.

Öl, Honig, Salz und Pfeffer verschlagen und unter den Salat heben.

Sauerkraut in Paprikarahm

500 g Sauerkraut
1   rote oder grüne Paprikaschote
1   große Zwiebel

Sauce:
200 g Schmand
1   geh. TL Tomatenmark
1 TL Akazienhonig
1   geh. TL Paprika edelsüß
     Kräutersalz, Pfeffer

Die Zutaten für die Sauce miteinander verrühren und abschmecken.
   Das Sauerkraut etwas klein schneiden und untermischen.
   Die Paprika und die Zwiebel klein würfeln und ebenfalls dazugeben.

Tomatensalat mit Basilikum

800 g wohlschmeckende Tomaten

Dressing:
6 EL Olivenöl
1 EL Balsamico bianco
1 TL Honig
1   Bund frisches Basilikum
     Kräutersalz, Pfeffer

Öl, Essig und Honig miteinander verschlagen und abschmecken. Die Basilikumblätter klein schneiden und hineinrühren.
   Die Tomaten aufschneiden und auf Teller verteilen. Das Dressing darüberträufeln.

Zucchini mit Tomatensauce

500 g Zucchini

Sauce:
250 g reife Tomaten
1   Knoblauchzehe
½ TL   Basilikum
½ TL   Oregano
2 EL   Olivenöl
2 EL   Sahne
1 TL   Aceto Balsamico
       Kräutersalz, Pfeffer
       Basilikumblätter zum Garnieren

Die Saucenzutaten im Mixer pürieren und kräftig abschmecken.

Die Zucchini in feine Scheiben hobeln oder raspeln oder (am originellsten) der Länge nach in lange feine Streifen hobeln (dafür gibt es spezielle Reiben), so dass es aussieht wie Spaghetti.

Die Zucchini auf Teller verteilen und die Sauce daraufgeben.

Mit frischen Basilikumblättern garnieren.

Gurkensalat norddeutsche Art

1	große Salatgurke

Dressing:
6 EL	Sonnenblumenöl
2 EL	Kräuteressig
	Kräutersalz
	Pfeffer
1	geh. TL Akazienhonig
2 EL	gehackte Petersilie oder Dill
1	fein gewürfelte Zwiebel

Die Zutaten für das Dressing mit dem Schneebesen miteinander verrühren. Dann die Salatgurke hineinhobeln.

Blattsalat mit Kräuterdressing

1	Kopf Salat nach Wahl

Dressing:
6 EL	Sonnenblumenöl
2 EL	Kräuteressig
1 TL	Honig
4 EL	frische gemischte Kräuter, fein
	geschnitten
	Kräutersalz
	frisch gemahlener Pfeffer

Den Salat etwas klein zupfen.
  Die Zutaten für das Dressing miteinander verquirlen und die Salatblätter darin wenden. Sofort servieren!

Chinakohl mit Orangenschlagsahne

1	Chinakohl oder 4 Chicorée
$^1/_4$ l	steif geschlagene Sahne
2	Orangen
1–2 EL	Akazienhonig o. a. flüssigen Honig
1 Prise	Kräutersalz
	für die Dekoration: Salatblätter und Orangenspalten

Den Chinakohl von den äußeren Blättern befreien und in sehr feine Streifen schneiden.

Die Orangen schälen und in Würfel schneiden, den Honig hinzugeben sowie das Salz. Alles unter die Schlagsahne heben.

Die Kohlstreifen ebenfalls vorsichtig unterheben. Dann auf Salatblättern anrichten und mit den Orangenspalten garnieren.

Süßes

Bananennascherei

50 g   Nuss- oder Mandelmus
1 EL   Honig
1 EL   Kakao
2 EL   weiche Butter
1 Msp. Vanillegewürz

Alles mit dem Handrührgerät verrühren und mit einem Teelöffel kleine Häufchen auf Bananenscheiben setzen.

Pfirsich-Smoothie

2   große reife Pfirsiche
1   Banane
100 g   Cashewkerne oder Sonnenblumenkerne (am besten einige Stunden in Wasser eingeweicht, dann abgegossen)
1 EL   Honig
1   Becher Schmand

Alles miteinander pürieren und eiskalt servieren.
  Kann mit Zitronenmelissenblatt und/oder einer essbaren Blüte dekoriert werden.

Vanille-Creme

200 g Cashewkerne oder Sonnenblumenkerne über Nacht knapp mit Wasser bedeckt einweichen

Am nächsten Tag mit der Restflüssigkeit und

1	Becher flüssige Schlagsahne
1–2	EL Honig
¼	TL Vanillegewürz

im Standmixer cremig pürieren.

Diese Creme eignet sich für viele Desserts.

Zum Beispiel kann man sie abwechselnd mit Beeren (Himbeeren und/oder Brombeeren, Johannisbeeren) in Gläser schichten. Dekorieren mit gehackten Nüssen und/oder Blatt von Zitronenmelisse oder Minze.

Oder man stellt ein rohes Apfelmus (s. Seite 88) her und gibt die mit Zimt gewürzte Creme darauf, was auch sehr lecker schmeckt!

Melone auf Zimtsauce

500 g saure Sahne
3 EL Akazienhonig
2 EL Zitronensaft
1 TL Zimtpulver
1 reife Melone (z. B. Honig- oder Galiamelone, lecker ist auch die Sorte Charantaise)

Saure Sahne mit Honig, Zitronensaft und Zimt mit dem Schneebesen verrühren und abschmecken.

In eine flache Schüssel oder auf tiefe Teller verteilen.

Das Melonenfleisch würfeln oder, wenn es festlich sein soll, mit einem Ausstecher Kugeln ausstechen und auf die Sauce geben.

Garnieren kann man mit Minze- oder Melisseblatt und/oder noch mit etwas Zimt bestäuben.

Pfirsich-Eis

3 reife Pfirsiche
2 EL Honig
¼ l Schlagsahne

Die Pfirsiche mit dem Honig pürieren und die steif geschlagene Sahne unterziehen. In eine Eismaschine füllen und zu einem cremigen Eis rühren.

Oder in einen Gefrierbehälter füllen und einfrieren. Dabei in der ersten Stunde dreimal gründlich mit dem Schneebesen umrühren, damit es cremiger wird.

Melonenbowle

1 schöne reife Wassermelone
2 Limetten
3 EL Honig
      Mineralwasser mit Kohlensäure

Das Fruchtfleisch der Melone in mundgerechte Würfel schneiden oder Kugeln ausstechen. In einer Schüssel mit Honig, abgeriebener Schale der Limetten und dem Saft der Limetten vorsichtig vermengen, kalt stellen und ziehen lassen.

Zum Servieren wird die »Bowle« mit Mineralwasser aufgegossen.

Besonders schön für Kinder ist es, wenn man die Bowle in der ausgehöhlten Melone serviert.

Beeren in Gelee

500 g	Beeren, gemischt (z. B. Erdbeeren, Himbeeren, Blaubeeren)
2–3 EL	Honig nach Geschmack
1 l	naturbelassener Traubensaft oder Früchtetee
2	geh. TL Agar-Agar
	evtl. Vanillegewürz und/oder Zimt

Die Beeren mit dem Honig verrühren.

In den Saft oder Tee mit dem Schneebesen Agar-Agar rühren und unter Rühren aufkochen. 2 Minuten kochen lassen. Etwas abkühlen lassen und dann mit den Beeren vermengen. In eine Schüssel (auch hübsch in einer Puddingform oder Rehrückenform) oder kleine Portionsförmchen geben und zum Erstarren kalt stellen.

Nach dem Erstarren kann man das Gelee stürzen und mit Sahne oder Vanillesauce servieren

Apfel in Mangocreme

2 reife Mangos
1 EL Zitronensaft
1 EL Honig
1 EL Schmand
4 Äpfel
   Walnusskerne, gehackt

Die Mangos schälen und das Fleisch vom Stein schneiden.

Zusammen mit Zitronensaft, Honig und Schmand im Standmixer pürieren. In eine Schüssel geben.

Die Äpfel mit Schale würfeln und unter die Sauce mischen.

Mit gehackten Walnüssen bestreut servieren

Himbeer-Mandel-Eis

200 g weißes Mandelmus
200 g frische Himbeeren
1 EL Zitronensaft
5 EL Honig
400 g Schlagsahne, steif geschlagen

Mandelmus mit Himbeeren, Zitronensaft und Honig mit dem Handrührgerät verrühren. Die Schlagsahne vorsichtig, aber gründlich unterheben und die Masse in eine Plastikdose mit Deckel füllen.
　Einige Stunden einfrieren.
　Oder die Masse in eine Eismaschine füllen und zu Eis verarbeiten.

Dazu passt lecker die Schokocreme auf Seite 82.

Erikas Erdbeereis*

250 g Erdbeeren, frisch oder gefroren
450 g Schlagsahne
80 g Honig
　　　Saft von 1 Zitrone

Tiefgefrorene Erdbeeren etwa zwei Stunden bei Zimmertemperatur antauen lassen – nicht gänzlich auftauen!
　Frische Erdbeeren putzen und halbieren.
　Die frischen oder die angetauten Früchte mit den übrigen Zutaten in den Mixer füllen und etwa 50 Sekunden zerkleinern.
　Die Masse in den Behälter einer Eismaschine füllen und 20–30 Minuten gefrieren lassen.
　Frische Erdbeeren müssen mindestens eine Stunde in den Kühlschrank gestellt werden, sonst gelingt die Zubereitung in der Eismaschine nicht.
　Sie können dieses Eis natürlich auch ohne Eismaschine herstellen. Das Ergebnis ist dann aber nicht so cremig. Die Fruchtmasse in einem geeigneten Gefäß in das Gefrierfach stellen. In der ersten Stunde zwei- bis dreimal mit einem stabilen Schneebesen durchrühren.

*aus »Das große Dr. M. O. Bruker Ernährungsbuch« von Ilse Gutjahr, emu-Verlag

Schokocreme

200 g   Cashewkerne oder
        Sonnenblumenkerne
1   Becher Sahne
2 EL   Honig
2 EL   Kakao
¼ TL   Vanillegewürz

Die Cashewkerne knapp mit Wasser bedeckt einige Stunden oder über Nacht einweichen.

Am Morgen mit dem Einweichwasser und den übrigen Zutaten im Mixer zu einer Creme fein pürieren.

Die Schokocreme passt zu Eis und frischen Früchten, z. B. mit Banane, Erdbeeren, Orangenscheiben … schmeckt aber auch solo (wie Schokoladenpudding).

Vanillesauce

200 g Cashewkerne oder Sonnenblumenkerne über Nacht mit Wasser bedeckt einweichen

Am nächsten Tag mit dem Wasser und

1   Becher Schlagsahne
2 EL   Honig
½ TL   Vanillegewürz cremig mixen

1   Becher flüssige Schlagsahne zusätzlich dazurühren.

Fruchtkaltschale

800 g einer weichen Fruchtsorte (z. B. Erdbeeren, Himbeeren, Johannisbeeren … oder Pfirsiche, Orangen, Aprikosen …)
Evtl. 1 EL Zitronensaft
3 EL   Honig
4 EL   Sahne

400 g der Früchte im Standmixer oder mit Pürierstab pürieren und mit Honig, Zitronensaft und Sahne verrühren.

Die restlichen Früchte eventuell in Scheiben oder Stückchen schneiden, Beeren ganz lassen und zum Servieren in die Kaltschale einlegen.

Garnieren kann man mit ein wenig gehackten Pistazien und/oder Minze- bzw. Melissenblatt.

Obstsalat

2	Äpfel
1	Birne
2	Bananen
2	Orangen
	Saft und abgeriebene Schale von $^1/_2$ Zitrone oder Limette
1–2 EL	Honig
	Saft von $^1/_2$ Orange
40 g	gehackte Walnusskerne

Zuerst die Sauce aus Zitronensaft, Honig und Orangensaft rühren.

Dann die Äpfel und die Birne klein würfeln und in die Sauce rühren.

Die Bananen in Scheiben schneiden und hineingeben. Die Orangen schälen, in Spalten teilen und diese in Stücke schneiden und mit den Nüssen ebenfalls zu dem Salat geben.

Wenn man möchte, kann man den Obstsalat mit geschlagener Sahne oder Vanillesauce (Rezept s. S. 84) servieren.

– oder man lässt die Walnüsse im Obstsalat weg und serviert stattdessen dazu eine Nusssahne.

Nusssahne

200 g	Schlagsahne, steif geschlagen
1 EL	Honig
75 g	Walnusskerne, gemahlen
2	Teelöffelspitzen Zimt

Den Honig, die Nüsse und Zimt vorsichtig unter die steif geschlagene Sahne ziehen und zu Obstsalat oder auf Apfelscheiben o. Ä. servieren.

Frische Feigen auf Mandelcreme

120 g	abgezogene Mandeln über Nacht mit Wasser bedeckt einweichen, abgießen und pürieren, ersatzweise fertiges weißes Mandelmus
1	Becher Sahne
¼ TL	Vanillegewürz
1 TL	Honig
4	frische Feigen

Mandelmus mit Sahne, Vanille und Honig im Standmixer cremig rühren.

Dann auf Dessertteller verteilen.

Die Feigen in Spalten schneiden und auf der Mandelcreme anrichten.

Garnieren kann man mit gehackten Pistazien, Fruchtmus o. ä.

Orangen-Bananen-Salat

4   Orangen
4   Bananen
4 EL Sultaninen
1 EL Honig
2 EL Zitronensaft

Zitronensaft mit Honig verrühren.
   Orangen schälen, in Spalten teilen und diese wiederum in Stücke schneiden und in die Sauce geben. Die Bananen schälen und in Scheiben schneiden und mit den Sultaninen zu den Orangen geben.
   Alles vorsichtig vermengen und vor dem Servieren mindestens eine halbe Stunde kalt stellen.

Apfelmus

4   große Äpfel
4 TL   Zitronensaft
$1/4$ TL Vanillegewürz
$1/4$–$1/2$ TL Zimtpulver, je nach Geschmack
1 EL   Honig oder 1 pürierte reife Banane

Die Äpfel mit der Schale sehr fein reiben und sofort mit dem Zitronensaft verrühren. Mit Vanille, Zimt und Honig bzw. Banane abschmecken.
   Wenn man süße Äpfel wählt, benötigt man gar keinen Honig oder Banane.
   Lecker schmeckt es, wenn man das Apfelmus in Gläser oder eine Schüssel füllt und die Vanille-Creme von S. 75 noch mit 1 TL Zimt würzt und auf das Apfelmus gibt!

Honigmarzipan

100 g Mandeln
1 gehäufter EL Akazienhonig
1 EL Rosenwasser

Die Mandeln sehr fein mahlen (auf Wunsch vorher die Haut abziehen, dann wird das Marzipan heller) und mit Honig und Rosenwasser verkneten und abschmecken.

– man kann noch weiter abschmecken mit Orangen- oder Zitronensaft
– mit dem Marzipan kann man Datteln oder frische entsteinte Pflaumen füllen, aber auch Kugeln formen und Walnusshälften hineindrücken und dieses Konfekt mit Kakao bestäuben …

Marzipansahnedessert

100 g Honigmarzipan (Rezept s. links)
$1/2$ Becher Schmand
1 TL Zitronensaft
1 Becher Schlagsahne

Marzipan zerkleinern und mit Zitronensaft und Schmand gründlich cremig verrühren (am besten mit dem Handrührgerät).
    Die Sahne sehr steif schlagen und vorsichtig unter die Marzipancreme heben.

Bananen-Eiskonfekt

4 reife Bananen (mit braunen Punkten auf der Schale, sonst nicht süß genug)
flüssiger Honig
Kakao- oder Carobpulver
Mandeln oder Nüsse nach Wahl, gehackt

Die Bananen schälen, mit Honig einpinseln, mit Kakao bestäuben, in den gehackten Nüssen oder Mandeln wälzen.
Dann in dicke Scheiben schneiden und auf der Schnittseite liegend in einer Schale mit Deckel mindestens 1 Stunde einfrieren.
Immer gefroren als »Eiskonfekt« servieren, aufgetaut schmeckt es nicht!

Weiterführende Literatur

Unsere Nahrung unser Schicksal,
Dr. M. O. Bruker, emu-verlag

Idealgewicht ohne Hungerkur,
Dr. M. O. Bruker, emu-verlag

Diäten
Dr. M. O. Bruker, emu-verlag

Streicheleinheiten,
Erika Richter/Ilse Gutjahr, emu-verlag

Die Ordnung unserer Nahrung,
Prof. Dr. Werner Kollath, Haug-Verlag

Das große Buch der Sprossen und Keime,
Rosemarie Nöcker, Heyne

Eigene Notizen

Eigene Notizen

Ein Verlag, ein Haus, eine Philosophie.

Millionen Bundesbürger kennen den kämpferischen Ganzheitsarzt Dr. Max Otto Bruker (1909–2001) aus dem Fernsehen, aus Vorträgen, durch den „Mundfunk" überzeugter Patienten. Vor allem lesen sie aber die rund 30 Bücher des schwäbischen Humanisten und Seelenarztes. Mit einer Gesamtauflage von mehreren Millionen Exemplaren ist Max Otto Bruker der wohl bedeutendste medizinische Erfolgsautor im deutschsprachigen Raum. Der – in der Nachfolge des Schweizer Reformarztes Bircher-Benner scherzhaft „Deutschlands Vollwertpapst" genannte – Massenaufklärer, langjährige Klinikchef und Ernährungsspezialist lehrt zwei fundamentale Erkenntnisse Patienten wie Gesunden: Der Mensch wird krank, weil er sich falsch ernährt. Der Mensch wird krank, weil er falsch lebt.

Hinter den Erfolgstiteln des emu-Verlages steht ein bedeutender Forscher und Arzt, eine Bewegung, ein Haus und tausende Schülerinnen und Schüler. 1994 wurde das „Dr.-Max-Otto-Bruker-Haus", das Zentrum für Gesundheit und ganzheitliche Lebensweise, auf der Lahnhöhe in Lahnstein bei Koblenz bezogen. Es stellt die äußere Krönung des Brukerschen Lebenswerkes dar: Der lichte Bau mit seinem Grasdach, den Sonnenkollektoren, seinen Seminarräumen, dem Foyer mit der Glaskuppel, 17 biologischen Gäste-Appartements, dem wunderschönen Brukergarten mit Kneippanlage, Raum der Stille, Naturwald mit Barfußpfad und dem Lehrpfad sind als Treffpunkt für all jene konzipiert, denen körperliche und seelische Gesundheit, ökologische und spirituelle Harmonie Herzensbedürfnis und Sehnsucht sind.

Hinter dem eleganten Halbmondkorpus mit dem markanten Grasdach verbirgt sich eine Begegnungsstätte für Gesundheitsbewusste, Seminarteilnehmer, Trost-, Ruhe- und Anregungsbedürftige.

Feste Termine:
Jeden Dienstag, 18.30 Uhr: Vortrag Dr. phil. Mathias Jung (Lebenshilfe und Philosophie)
Jeden Mittwoch, 10.30 Uhr: Fragestunde mit Dr. med. Jürgen Birmanns (Ärztlicher Rat aus ganzheitlicher Sicht)

Ausbildung Gesundheitsberater/in GGB
Lebensberatung/Frauen-, Männer- und Paargruppen
Die vitalstoffreiche Vollwertkost hat ihre Verbreitung, auch im klinischen Bereich, durch die unermüdliche Information und praktische Durchführung von Dr. M. O. Bruker gefunden. Um die Erkenntnisse gesunder Lebensführung und die durch falsche Ernährung provozierte Krankheitslawine ins öffentliche Bewusstsein zu rücken, bildet die von ihm 1978 gegründete „Gesellschaft für Gesundheitsberatung GGB e.V." ärztlich geprüfte Gesundheitsberater/-innen GGB aus. Über 5700 Frauen und Männer haben bislang die berufsbegleitende Ausbildung bestanden und wirken in Volkshochschulen, Bioläden, Lehrküchen, Krankenhäusern, ärztlichen Praxen, Krankenversicherungen und ähnlichen Bereichen.

Das Basiswissen Ernährung und Gesundheit wird im Grundlagenseminar vermittelt. Es kann von jedem Interessierten besucht werden. Auf der Lahnhöhe erhalten Sie durch das GGB-Expertenteam nicht nur eine sorgfältige Grundlagenausbildung über die vitalstoffreiche Vollwerternährung und den Krankmacher der „entnatürlichten" (denaturierten) Zivilisationsernährung (raffinierter Fabrikzucker, Auszugsmehle, fabrikatorische Öle und Fette, tierisches Eiweiß usw.), sondern gewinnen auch Einblick in die leibseelischen Zusammenhänge der Krankheiten.

Anfragen zur Gesundheitsberater-Ausbildung und Praxis-Seminaren in der Lehrküche in Lahnstein, wie zu den Selbsterfahrungsgruppen, Lebensberatung, Paartherapie und Psychotherapie bei Dr. Mathias Jung und Psychologischer Psychotherapeut Hassan El Khomri, zu weiteren Tages- und Wochenendseminaren sowie Einzelberatung sind zu richten an die

Gesellschaft für Gesundheitsberatung GGB e.V.,
Dr.-Max-Otto-Bruker-Str. 3,
56112 Lahnstein
Tel.: 0 26 21/91 70 17, 91 70 18, Fax: 0 26 21/91 70 33
E-Mail: seminare@ggb-lahnstein.de
Internet: www.ggb-lahnstein.de

Fordern Sie ebenfalls ein kostenloses Probe-Exemplar der Zeitschrift „Der Gesundheitsberater" an.

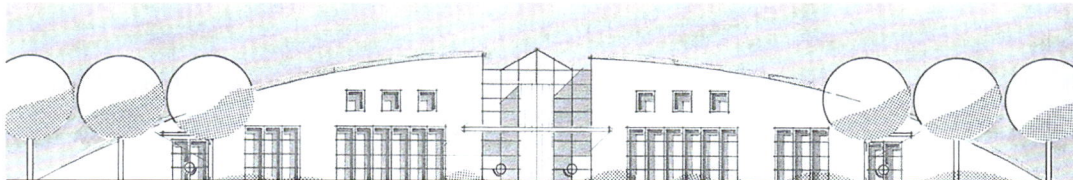
Das Dr.-Max-Otto-Bruker-Haus

Ilse Gutjahr:
Das große Dr. M. O. Bruker Ernährungsbuch
253 S., gebunden
ISBN 978-3-89189-065-3

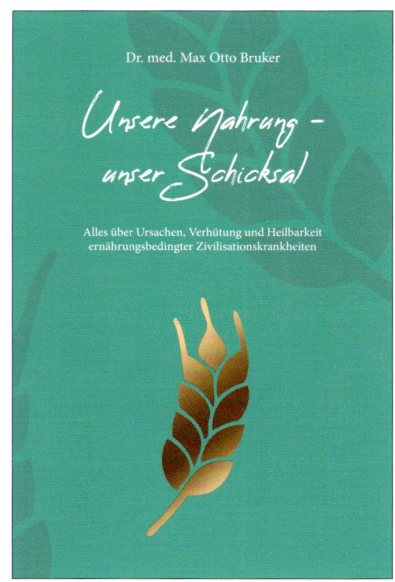

Bruker:
Unsere Nahrung – unser Schicksal
464 S., gebunden
ISBN 978-3-89189-223-7

Bruker/Gutjahr:
Zucker, Zucker
345 S., gebunden
ISBN 978-3-89189-034-9

Bruker:
Idealgewicht
121 S., gebunden
ISBN 978-3-89189-005-9

Ilse Gutjahr, Erika Richter:
Brot backen
112 S., Broschur
ISBN 978-3-89189-113-1

Ilse Gutjahr, Erika Richter:
Reste sind das Beste
208 S., Broschur
ISBN 978-3-89189-221-3

Ilse Gutjahr, Erika Richter:
Streicheleinheiten
134 S., gebunden
ISBN 978-3-89189-063-9

Ilse Gutjahr, Erika Richter:
Mehr Streicheleinheiten
144 S., gebunden
ISBN 978-3-89189-170-4

**Waltraud Becker:
Korngesund**
124 S., Broschur
ISBN 978-3-89189-105-6

**Waltraud Becker:
Lust ohne Reue**
190 S., gebunden
ISBN 978-3-89189-068-4

**Ilse Gutjahr:
Vollwertkost ohne Tiereiweiß**
27 S., Drahtheftung
ISBN 978-3-89189-229-9

**Ilse Gutjahr:
Vollwertkost zum Kennenlernen**
36 S., Drahtheftung
ISBN 978-3-89189-075-2

Ilse Gutjahr:
Iss, mein Kind
136 S., Broschur mit Klappen
ISBN 978-3-89189-064-6

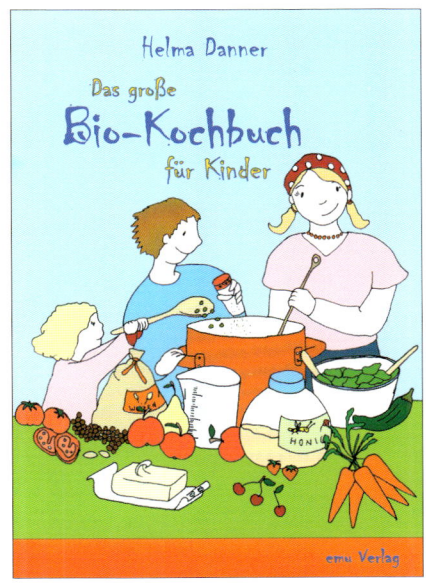

Helma Danner:
Das große Bio-Kochbuch für Kinder
297 S., Broschur
ISBN 978-3-89189-192-6

Ilse Gutjahr:
Einfach raffiniert!
112 S., Broschur
ISBN 978-3-89189-099-8

Andrea Lohaus:
Kinder können kochen!
160 S., Broschur mit Klappen
ISBN 978-3-89189-219-0

**Gerti Gummerer, Wilma Taibon:
HochGenuss**
183 S., gebunden
ISBN 978-3-89189-171-1

**Alexandra Eideloth, Kornelia Müller:
Süße Träume**
129 S., gebunden
ISBN 978-3-89189-193-3

**Margarete Vogl:
Wilde Köstlichkeiten**
188 S., Halbleinenband
ISBN 978-3-89189-186-5

**Margarete Vogl:
Wildkräuter in der Vollwertküche**
234 S., gebunden
ISBN 978-3-89189-209-1

Ursel Fuchs, Richard Fuchs:
Vitaminbomben
244 S., Broschur mit Klappen
ISBN 978-3-89189-153-7

Bruker/Jung:
Der Murks mit der Milch
249 S., gebunden
ISBN 978-3-89189-045-5

Werner Sonntag, Ilse Gutjahr (Hrsg.):
Sport und Vollwerternährung
244 S., Broschur
ISBN 978-3-89189-108-7

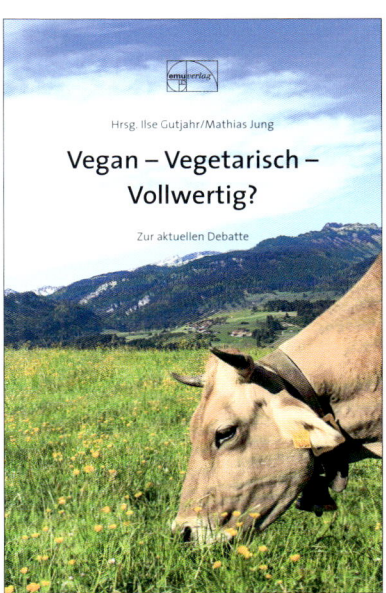

Ilse Gutjahr, Mathias Jung:
Vegan – vegetarisch – vollwertig
144 S., Broschur
ISBN 978-3-89189-213-8

Weitere Bücher aus dem emu-Verlag:

Bruker: **Lebensbedingte Krankheiten**
363 S., gebunden,
ISBN 978-3-89189-006-6

Bruker: **Stuhlverstopfung**
145 S., gebunden,
ISBN 978-3-89189-004-2

Bruker: **Herzinfarkt**
177 S., gebunden,
ISBN 978-3-89189-007-3

Bruker: **Leber-, Galle-, Magen-, Darm- und Bauchspeicheldrüsenerkrankungen**
187 S., gebunden,
ISBN 978-3-89189-008-0

Bruker: **Erkältungen**
165 S., gebunden,
ISBN 978-3-89189-009-7

Bruker: **Rheuma – Ursache und Heilbehandlung**
176 S., gebunden,
ISBN 978-3-89189-010-3

Bruker/Gutjahr: **Biologischer Ratgeber für Mutter und Kind**
352 S., gebunden,
ISBN 978-3-89189-011-0

Bruker: **Diabetes – Ursachen und biologische Behandlung**
132 S., gebunden,
ISBN 978-3-89189-012-7

Bruker: **Allergien**
248 S., gebunden,
ISBN 978-3-89189-033-2

Bruker: **Kopfschmerzen**
158 S., gebunden,
ISBN 978-3-89189-035-6

Bruker/Gutjahr: **Diäten**
277 S., gebunden,
ISBN 978-3-89189-205-3

Bruker/Gutjahr: **Cholesterin**
141 S., gebunden,
ISBN 978-3-89189-036-3

Bruker/Gutjahr: **Osteoporose**
140 S., gebunden,
ISBN 978-3-89189-038-7

Bruker/Gutjahr: **Reine Frauensache**
293 S., gebunden,
ISBN 978-3-89189-042-4

Bruker/Gutjahr: **Fasten – aber richtig**
161 S., gebunden,
ISBN 978-3-89189-061-5

Bruker/Gutjahr: **Störungen der Schilddrüse**
176 S., gebunden,
ISBN 978-3-89189-062-2

Bruker/Gutjahr: **Keine Angst vor Bakterien**
155 S., gebunden,
ISBN 978-3-89189-210-7

Bruker/Gutjahr: **Krampfadern**
110 S., gebunden,
ISBN 978-3-89189-074-5

Bruker: **Ärztlicher Rat aus ganzheitlicher Sicht**
2 Bände im Schuber, 816 Seiten,
ISBN 978-3-89189-002-8

Bruker/Gutjahr: **Naturheilkunde**
318 S., gebunden,
ISBN 978-3-89189-072-1

Bruker/Ziegelbecker: **Vorsicht Fluor**
490 S., Broschur,
ISBN 978-3-89189-013-4

Sandler/Bruker: **Vollwerternährung schützt vor Viruserkrankungen**
154 S., Broschur,
ISBN 978-3-89189-017-2

Bruker: **Kleinschriftensammelmappe**
33 St., je 4–16 Seiten Umfang,
ISBN 978-3-89189-018-9

Gutjahr: **Mit Vollkorn in Bestform**
196 S., flexibel gebunden,
ISBN 978-3-89189-203-9

Gutjahr/Beck: **Einfach selbst gemacht**
127 S., flexibel gebunden,
ISBN 978-3-89189-206-0

Gutjahr: **Grüße an deine Seele**
120 S., Broschur,
ISBN 978-3-89189-040-0

Gutjahr: **David gegen Goliath**
293 S., Broschur,
ISBN 978-3-89189-195-7

Birmanns: **Gesundheit aus einem Guss**
124 S., Klappenbroschur,
ISBN 978-3-89189-151-3

Buchwald: **Impfen – Das Geschäft mit der Angst**
381 S., Klappenbroschur,
ISBN 978-3-89189-178-0

Bütikofer: **Hilfe! Ich muss eine Impfentscheidung treffen**
176 S., Broschur,
ISBN 978-3-89189-217-6

Kehrbusch: **Alles klar mit Haut & Haar**
188 S., Klappenbroschur,
ISBN 978-3-89189-083-7

Jung: **Dr. Jungs kleine Seelenapotheke**
349 S., gebunden,
ISBN 978-3-89189-197-1

Jung: **Reine Männersache**
177 S., gebunden,
ISBN 978-3-89189-043-1

Jung: **Das sprachlose Paar**
287 S., gebunden,
ISBN 978-3-89189-066-0

Jung: **Mut zum Ich**
300 S., gebunden,
ISBN 978-3-89189-070-7

Jung: **Mein Charakter – mein Schicksal**
231 S., gebunden
ISBN 978-3-89189-109-4

Jung: **Die erschöpfte Seele**
163 S., gebunden,
ISBN 978-3-89189-168-1

Jung: **Seelenwunden**
92 S., Broschur,
ISBN 978-3-89189-225-1

Jung: **Eigensinn macht stark**
153 S., Broschur,
ISBN 978-3-89189-228-2

Jung: **Blitzschlag der Liebe**
104 S., Broschur,
ISBN 978-3-89189-227-5

Jung: **Trauer und Aufbruch**
143 S., Broschur,
ISBN 978-3-89189-233-6

Vogl: **Margarete Vogls kleiner Wildkräuterführer**
324 S., Broschur
ISBN 978-3-89189-198-8